Einstiegslektion - Schön, dich wieder zu sehen

1 **Schreib Listen.**

1 = Das magst du am liebsten. **5** = Das magst du überhaupt nicht.

Farben

1 ....
2 ....
3 ....
4 ....
5 ....

Essen und Trinken

1 ....
2 ....
3 ....
4 ....
5 ....

Wochentage

1 ....
2 ....
3 ....
4 ....
5 ....

Zahlen

1 ....
2 ....
3 ....
4 ....
5 ....

Freizeitaktivitäten

1 ....
2 ....
3 ....
4 ....
5 ....

Tiere

1 ....
2 ....
3 ....
4 ....
5 ....

2 **Wie viele Wörter kannst du finden? Kreise sie ein.**

K	A	T	Z	E	F	U	C	H	S	Z	T	R	B	U	S
U	L	R	S	C	H	W	I	M	M	E	N	M	E	L	I
H	T	E	E	S	O	F	A	F	A	H	N	E	T	A	E
V	T	I	C	H	Ä	K	U	C	H	E	N	I	T	M	B
H	L	S	H	L	Ö	W	E	M	O	N	T	A	G	P	E
E	I	S	S	C	H	A	C	H	T	E	L	N	T	E	N

G. Gerngross - W. Krenn - H. Puchta

JA KLAR!

Übungsbuch

3

ELI

Inhalt

Ja klar! von Günter Gerngross, Wilfried Krenn und Herbert Puchta

P.O. Box 6 - Recanati - Italien
Tel. +39/071/75 07 01 - Fax +39/071/97 78 51
www.elionline.com
e-mail: info@elionline.com

Illustriert von Elena Staiano
Grafische Gestaltung: Studio XL

Gedruckt in Italien - Tecnostampa Recanati - 03.83.008.0

ISBN 978-88-8148-998-5

1 Eine Party

1 Ergänze die fehlenden Wörter.

Du gehst zu einer .... Party.

Sag „Hallo" zu ....

Du .... ein hübsches Mädchen.

.... ein großes .... Kuchen.

.... das Kuchenstück .... dem Mädchen.

Du .... einen Kassettenrekorder.

Der .... ist auf dem ....

Das Mädchen ....

Du ....

Stück stolperst ✓Party Trag über Boden rot deinen Freunden Kuchen zu lacht siehst wirst Nimm

2 Nummeriere die Sätze.

- ◯ Dann spielen sie mit Herrn Schmied Fußball.
- ◯ Sie essen Kuchen und trinken Orangensaft.
- ◯ Sie zerbrechen ein Fenster im Haus von Herrn Schmied.
- ◯ Die Kinder entschuldigen sich bei Herrn Schmidt.
- ◯ Dann spielen sie Fußball.
- ◯ Am nächsten Wochenende helfen sie Herrn Schmied bei der Arbeit im Garten.
- (1) Michael, Emma und ihre Freunde sind auf Roberts Gartenparty.
- ◯ Doch dann sagt Emma: „Gehen wir zu Herrn Schmied und erzählen wir ihm, was passiert ist."
- ◯ Herr Schmied schießt den Ball und zerbricht noch einmal das Fenster.
- ◯ Zuerst möchten sie sich hinter den Büschen verstecken.

3 Kreuze die richtige Antwort an.

Möchte noch jemand Kuchen?	Tut mir Leid. ✓ Ja, bitte.
Was sollen wir jetzt tun?	Hurrah. Gehen wir zu Herrn Schmied.
Was brauchen wir?	Belegte Brötchen und einen Kuchen. Gute Idee.
Hast du Orangensaft gekauft?	Ich kann Orangensaft kaufen. Ja, hier ist der Orangensaft.
Wie wär`s mit Popcorn?	Ich kann welche bringen. Orangensaft? Nein, danke.
Wann ist die Party?	Am Samstag um fünf. In unserer Schule.
Möchte noch jemand Orangensaft?	Nein, danke. Ich kann einen Kuchen mitbringen.
Was ist dein Lieblingsessen?	Ich mag am liebsten Hühnchen und Pommes frites. Der Kuchen ist am Boden.
Könnt ihr Äpfel mitbringen?	Ja, natürlich. Hier ist eine Banane.

2 Glücksbringer

1 **Schreib die fehlenden Buchstaben. Mal die Glücksbringer aus.**

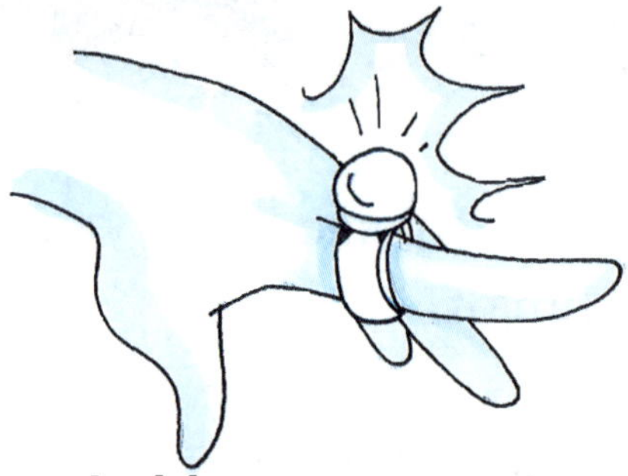

ein bla_ro_a ___g

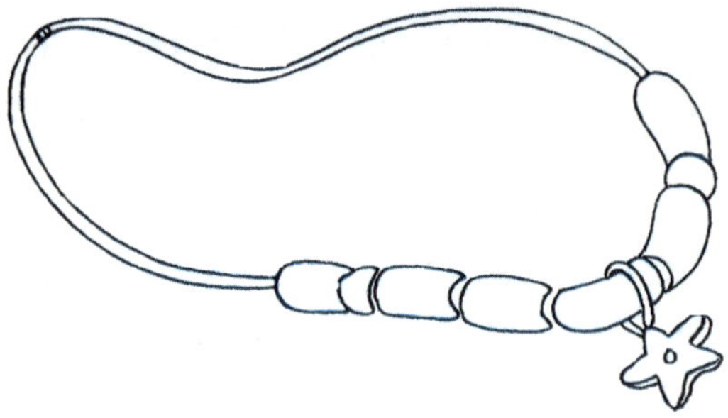

eine o_a_ge _al__e__e

ein _r__es und
ein ___ßes _t__ft__r

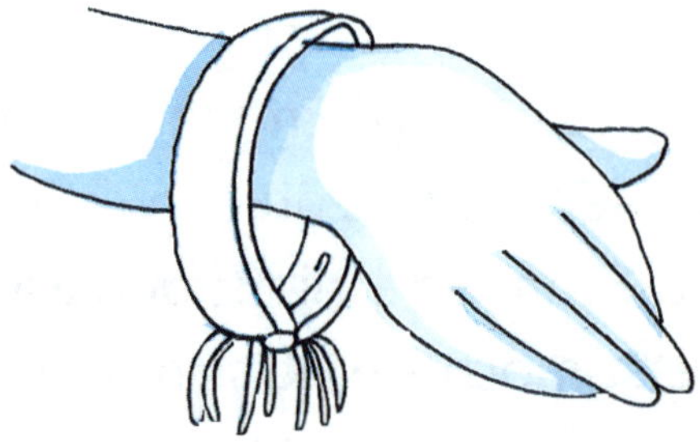

ein br__nes
F_eun____aftsa_m__nd

a a b c d e e f g h H i i i k n n n o r R r r s s S s t t u u w ü

2 **Schreib die Sätze.**

Glücksbringer. | meinem | liegen | Tisch | viele | Auf

....

einen silbernen | habe | Ring | Halskette. | Ich | und | eine silberne

....

Lieblingsglücksbringer | rosa Maus. | eine kleine | Mein | ist

....

Maus | sitzt | Bei | einem Test | auf meinem Tisch. | meine

....

3 Schreib die fehlenden Wörter.

Halskette neues T-Shirt kann Was ist Idiot Gasthaus
geben das zweihundert neue Hose Halskette

4 Lies und ordne zu.

- (1) Hallo, wie heißt du?
- ( ) Vielen Dank Sandra, Tschüs.
- ( ) Was ist es?
- ( ) Hast du dein Freundschaftsarmband mit?
- ( ) Hast du einen Glücksbringer?

- ( ) Ja.
- ( ) Ja, schau, hier ist es.
- (1) Ich heiße Sandra.
- ( ) Auf Wiedersehen.
- ( ) Ein Freundschaftsarmband.

5 Nummeriere die Sätze.

- ( ) Ja, Stofftiere.
- ( ) Drei. Einen Hasen, eine Schlange und einen Frosch.
- ( ) Stefan, hast du einen Glücksbringer?
- ( ) Das ist interessant. Vielen Dank, Stefan.
- ( ) Wie viele hast du denn?

6 Finde heraus, was für einen Glücksbringer jedes Kind hat.

Thomas

....

Thomas, Michael und Sandra haben Stofftiere.
Karin hat eine Halskette.
Barbara hat ein Freundschaftsarmband.
Robert hat einen rosa Hund.
Sandra hat denselben Glücksbringer wie Thomas.
Michael hat denselben Glücksbringer wie Robert.
Sandra hat einen blauen Hasen.

Robert

....

Karin

....

Sandra

....

Michael

....

Barbara

....

1 Schreib die fehlenden Wörter.

....
ganz fest.

Plötzlich ....
du ....

Die Zimmertür
....
und du ....
die .... eines
....

Du .... aus
dem ....

Du .... das
....
und .... dich
hinter den Vorhängen.

Das Monster
.... dich.

Es .... das
.... Fenster.

Es .... aus
dem Fenster, um dich
zu ....

.... das Fenster
.... und leg
dich ins ....

Monsters versteckst machst ... auf fangen springt wachst ... auf
siehst Hand Fenster sucht geht ... auf Bett springst Du
schläfst Bett sieht offene Mach ... zu

2 Kannst du den Text schreiben?

Meine wunderbaren Träume.
Ich träume oft von einem
phantastischen Computer. Ich
träume davon, dass ich mit
dem Computer sprechen kann.
Ein Test in der Schule macht
mir nichts aus, denn mein
Computer schreibt den Test.

Meine wunderbaren ....

....

....

....

....

....

3 Schreib Sätze über die Träume der Kinder.

★ = oft ■ = manchmal ● = nie

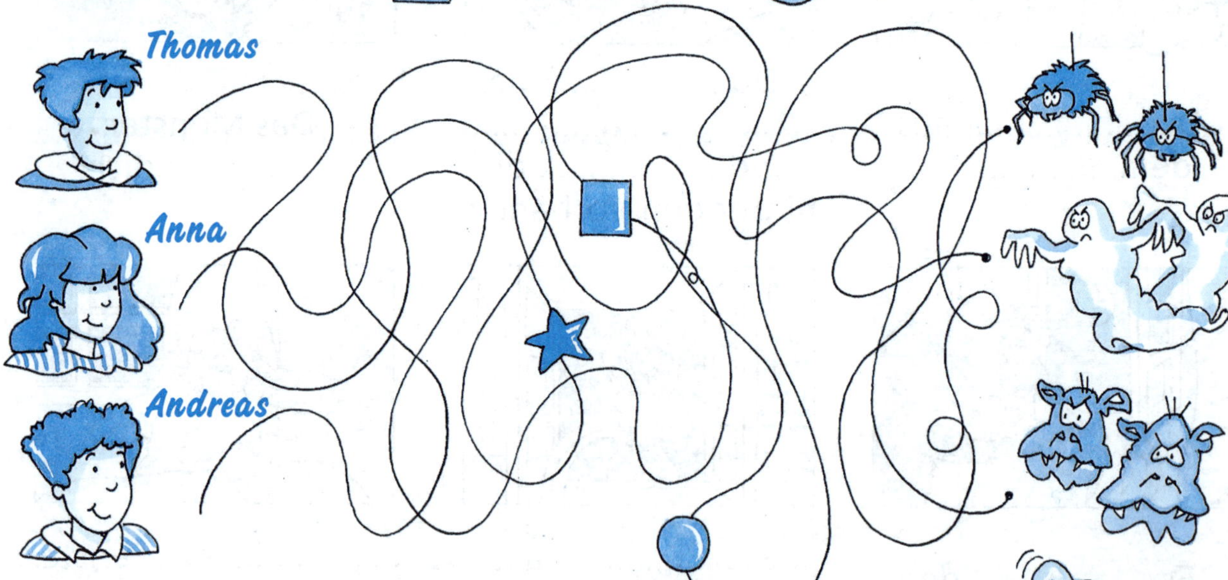

Thomas träumt .... von ....

Anna träumt .... von ....

Andreas träumt .... von ....

4 Finde dreizehn Fehler. Korrigiere sie.

Julia und Claudia fliegen mit ihrem kleinen Hubschrauber.
Plötzlich sehen sie eine Schule. Der Schlüssel ist in Claudias Schultasche.
Sie öffnen das Fenster und gehen hinein.
In einem Bett finden sie einen Hund. Er schläft. Julia küsst ihn.
Er macht die Augen zu. „Ich bin Prinz Rupert. Ich bin traurig."
„Bringt mir ein belegtes Brot und ein Eis. Aber schnell!" sagt der Mann.
Dann möchte Prinz Rupert sein grünes T-Shirt, seine blaue Krawatte und seine orange Hose.
Julia und Claudia mögen das nicht. Sie laufen weg und werfen den Prinzen in den Teich. Prinz Rupert ist fröhlich.

1 .... Flugzeug ....
2 ....
3 ....
4 ....
5 ....
6 ....
7 ....
8 ....
9 ....
10 ....
11 ....
12 ....
13 ....

4 Was sammelst denn du?

1 Ordne zu und schreib Sätze.

Maria sammelt .... Sie sammelt keine Muscheln.

Kurt ....

Daniela ....

Gerald ....

2 Ordne zu und mal an.

1 grün
2 rosa
3 violett
4 orange
5 blau
6 schwarz
7 gelb
8 rot

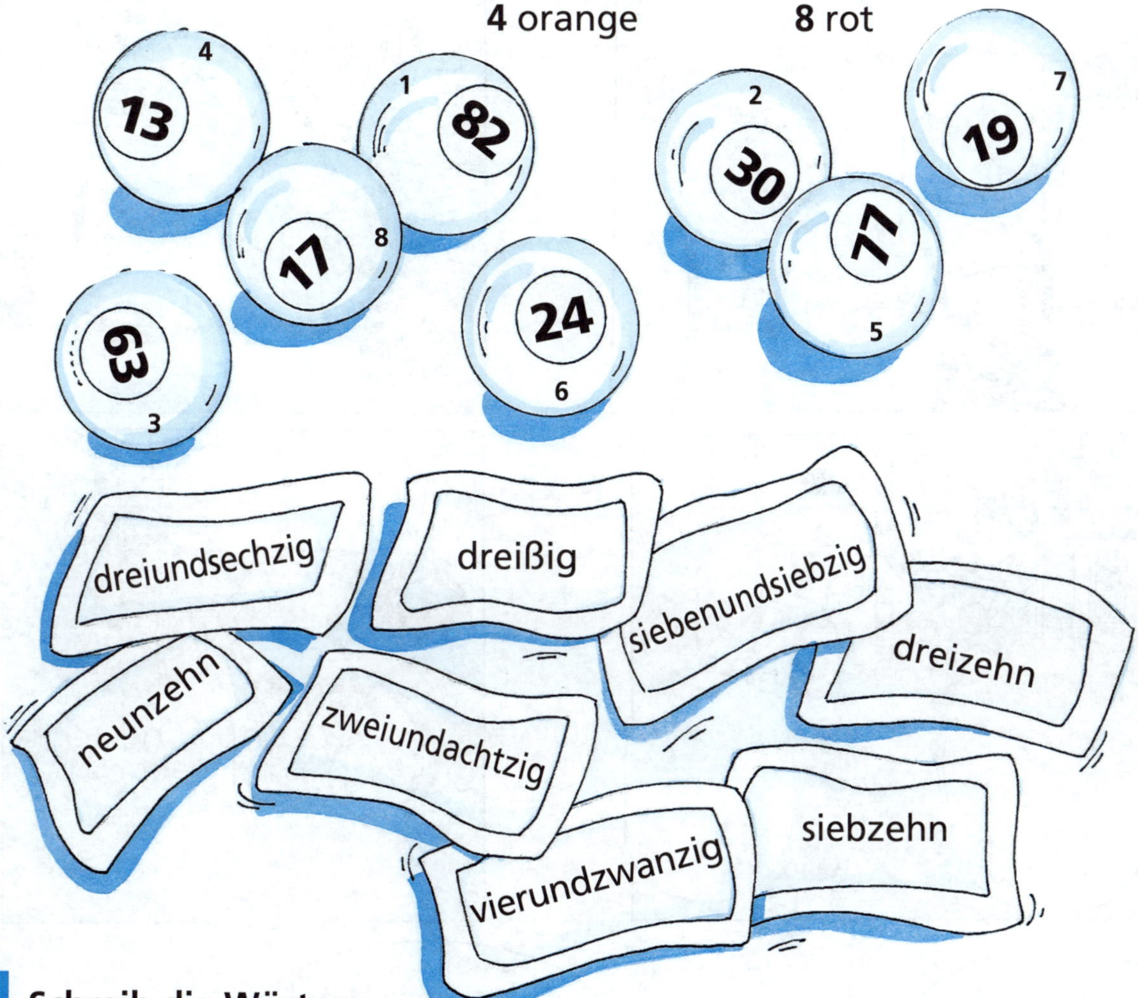

3 Schreib die Wörter.

13	....	30	....
14	....	40	....
65	....	57	....
83	....	91	....
100	....	11	....
12	....	74	....

4 **Schreib die Nummern.**

1. Ich habe eine Idee.
2. Wieviel kostet es?
3. Ich sammle Hüte. Das ist mein bester Hut.
4. Max, ich brauche ein neues Kleid.
5. Hundert Silbertaler für einen Hut?! Das ist viel Geld.
6. Tut mir Leid, Veronika. Wir haben kein Geld.
7. Es sieht wunderbar aus.
8. Mein schöner Hut. Was soll ich tun?

1 Schau und schreib die richtige Nummer.

◯ Es ist halb vier.

◯ Es ist zehn nach halb sieben.

◯ Es ist Viertel nach neun.

◯ Es ist Viertel vor fünf.

◯ Es ist acht Uhr.

◯ Es ist fünf vor halb vier.

◯ Es ist zehn vor zwölf.

◯ Es ist fünf nach elf.

◯ Es ist fünf nach halb eins.

2 Schau und schreib.

....

....

....

....

....

3 Schreib die Sätze.

Peter? | du, | Was | denn | sammelst

....

deutsche | schreiben? | Wörter | viele | du | kannst | Wie

....

weit | Kilometer | Der | kann | Zug | schnellste | acht | fahren. | in einer Minute

....

der Gepard. | schneller | ist | Der Radrennfahrer | als

....

4 Schreib die Wörter.

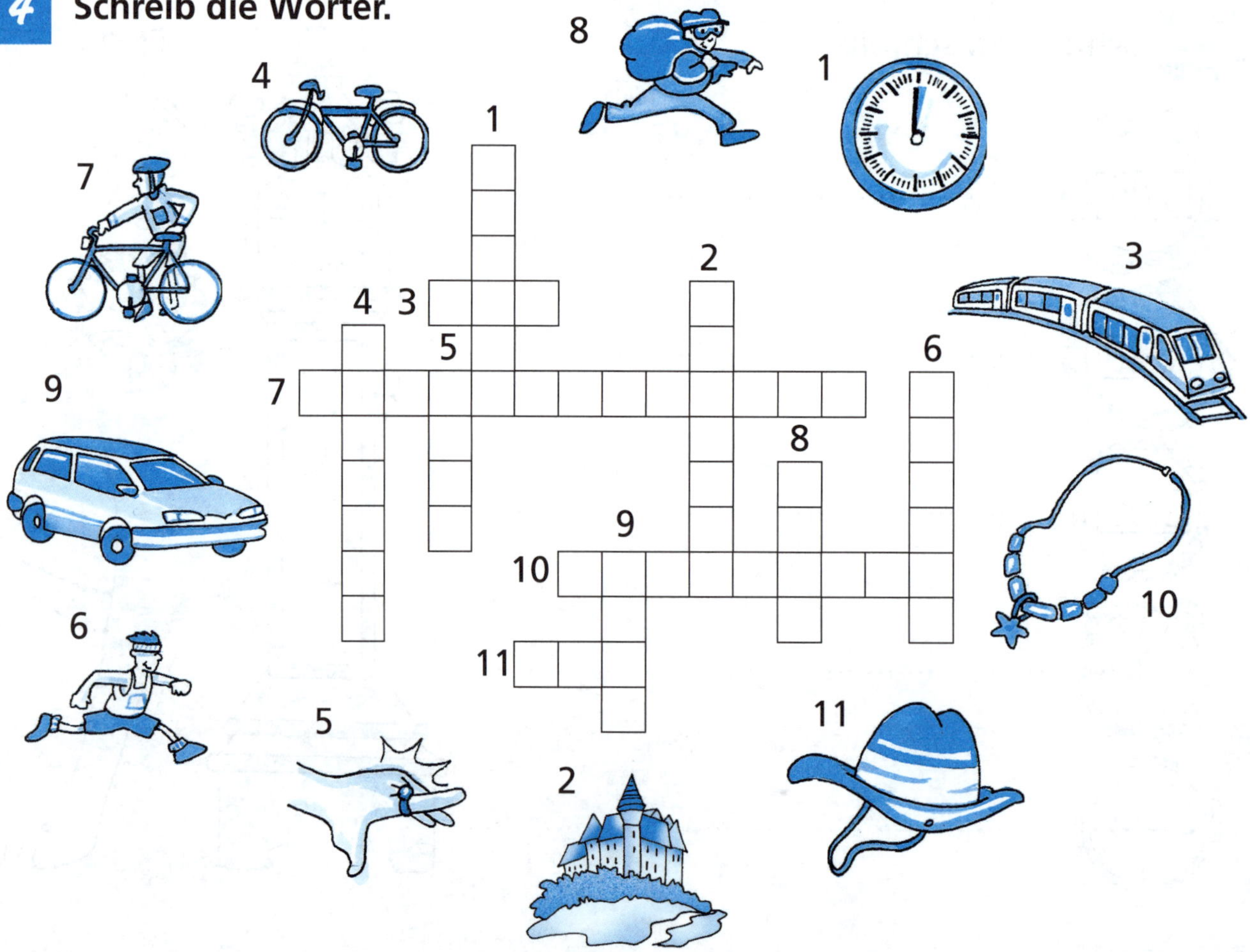

5 **Schreib über Karin und Stefan.**

Dann  oder 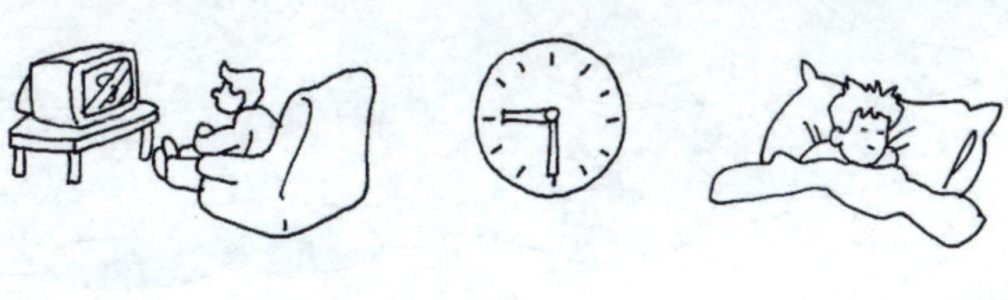

6 Das Leben in den Bergen

1 Finde das passende Satzende.

Ein Steinadler wird .... Der Steinadler jagt .... Steinadler leben und jagen .... Früher waren die Steinadler in den Alpen fast ausgestorben, heute ....
Steinböcke können ....
Murmeltiere fressen im Herbst besonders viel,... .... Wenn die Murmeltiere im Winter schlafen, ...
Schneehühner leben .... Auch –30 Grad machen den Schneehühnern nichts aus, ...
Schneehühner fressen gerne Gletscherflöhe, ...

wenn diese nicht davon springen.

bis zu sechs Kilo schwer.

in Großfamilien.

sehr gut klettern.

zu zweit.

weil sie dichte Federn haben.

Murmeltiere und Hasen.

gibt es wieder über 300 Steinadlerpaare.

ist ihre Körpertemperatur nur 4 Grad.

weil sie im Winter schlafen.

2 Was passt? Kreuze den richtigen Satz an.

1. Gletscherflöhe kann man schwer fangen, ...
- ◯ weil sie sehr hoch springen können.
- ◯ weil sie nicht gut schmecken.

2. Steinböcke klettern in eine steile Felswand, ...
- ◯ wenn sie ein Murmeltier sehen.
- ◯ wenn sie Feinde sehen.

3. Schneehühner sind im Sommer braun, ...
- ◯ weil sie in Großfamilien wohnen.
- ◯ weil Feinde sie dann nicht gut sehen können.

4.
- ◯ Wenn Murmeltiere Feinde sehen,
- ◯ Wenn Murmeltiere im Winter schlafen,

... schlägt ihr Herz nur vier Mal pro Minute.

3 Ergänze den Text.

Der kleine schlaue  ....

Er möchte einen Hasen fangen

Er m................. ei............ Hasen f................

Der  ...., der  .... ,

der kleine, schlaue  ....

Er  .... durch den  ....

Er  .... über die  ....

Er  .... über den  ....

Er  .... auf den  ....

weg — Wald — läuft — Bach — verstehen — Fuchs — schleicht — bleibt....stehen — Berg — springt — klettert — Hase — Wiese — Nase

Doch dann .... er  ....

Er kann es nicht ....

Er war vor seiner  ...., der  ....

Jetzt ist er ...., oh Schreck!

4 Schreib die Nummern.

1. Nein, es ist langweilig. Was soll ich tun?
2. Kann ich nächstes Jahr wiederkommen?
3. Wach auf Martina, wir gehen zum Einkaufszentrum.
4. Gehen wir morgen wieder zum Einkaufszentrum?
5. Toll, Martina.
6. Mein Korb ist bald voll!
7. War es nicht langweilig?
8. Gefällt es dir hier?
9. Nein, morgen gehen wir zum Spielplatz.

1 Ergänze den Text.

langweilig findet sehe sieht sehe sehen sieht lustig sehe finde

Ich .... oft Zeichentrickfilme. Ich finde sie sehr ....

Manchmal .... ich Science-Fiction-Filme. Liebesfilme .... ich nie. Die .... ich langweilig. Meine Mutter und mein Vater .... oft Detektivfime. Mein Vater .... auch oft Sportsendungen. Am liebsten .... er Fußball. Meine Mutter mag keine Sportsendungen. Sie .... Sportsendungen ....

2 Lies und schreib.

Jasmin kommt um halb fünf von der Schule nach Hause.
Der Naturfilm beginnt 15 Minuten später. Er ist um 17.30 Uhr aus.
Der Zeichentrickfilm beginnt 10 Minuten später. Er ist 20 Minuten später aus. Dann beginnt die Sportsendung. Sie dauert 50 Minuten.
Dann beginnt der Science-Fiction-Film.

Wann beginnen die Sendungen?

Der Naturfilm ....

Der ....

Die ....

Der ....

3 Fernsehsendungen: Schreib über dich, deinen besten Freund, deine Mutter und deinen Vater.

Ich mag ....

Ich mag keine .... Ich finde ....

Mein Bester Freund ist .... Er /Sie ....

Er/Sie sieht oft .... Er/Sie mag keine ....

Er/Sie findet ....

Meine Mutter/Mein Vater sieht oft ....

Er/Sie mag .... Er/Sie mag keine ....

Er/Sie findet ....

4 Ergänze die fehlenden Wörter.

Kekse | sieht | Freundin | Bauchweh | isst | dran | muss | hasst | knabbert | hört... auf | halb | Fernseher | liebe

Meine beste .... heißt Karin Kern.
Karin .... viel und sehr gerne fern.
Um .... fünf schaltet sie den ....
an, denn dann ist ihr Lieblingsfernsehstar
.... Stefan Kahr, der Fernsehstar,
knabbert ...., eins zwei, drei, vier.
Dann .... er .... und schaut
lächelnd zu ihr, „Ich .... die Dinger,
wo immer ich bin." sagt er und ....
vor sich hin. Karin denkt: „Die Kekse
.... ich kaufen. Ich muss gleich in den
Supermarkt laufen." Wenn Stefan sie isst,
sind sie sicher kein Mist, und auch Karin isst
und .... und isst. Doch dann hat sie
................, und ihr wird klar, sie ....
jetzt die Kekse und Stefan Kahr.

In der Stadt

1 Schreib die Nummern.

Das Polizeirevier (1) ist neben dem Postamt.

Die Kirche (2) ist gegenüber dem Park.

Die Bushaltestelle (3) ist gegenüber dem Museum.

Die Touristeninformation (4) ist im Park.

Das Krankenhaus (5) ist gegenüber dem Bahnhof.

2 Lies und schreib die Nummern.

(1)
- Entschuldigen Sie, wie komme ich zum Postamt?
- Gehen Sie geradeaus. Dann nach rechts.
- Vielen Dank.
- Gern geschehen.

(2)
- Entschuldigen Sie, wie komme ich zur Touristeninformation?
- Gehen Sie nach links und dann nach rechts. Die Touristeninformation ist neben der Kirche.
- Vielen Dank.
- Gern geschehen.

(3)
- Entschuldigen Sie, wie komme ich zum Krankenhaus?
- Gehen Sie nach links und dann nach rechts. Es ist auf der linken Straßenseite.
- Vielen Dank.

(4)
- Entschuldigen Sie, wie komme ich zum Museum?
- Gehen Sie geradeaus. Es ist links, gegenüber dem Park.
- Vielen Dank.
- Gern geschehen.

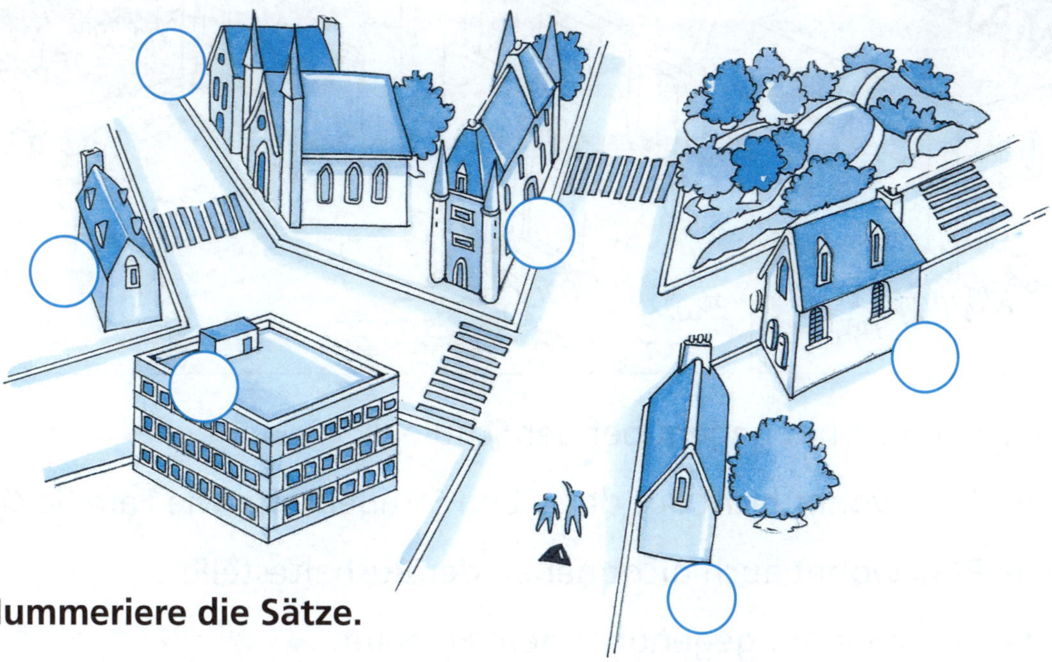

3 Nummeriere die Sätze.

- ◯ Danke, aber wie komme ich zum Postamt?
- ◯ Vielen Dank. Auf Wiedersehen.
- ◯ Entschuldigen Sie, wie komme ich zum Museum?
- ◯ Auf Wiedersehen.
- ◯ Gehen Sie nach links und dann nach rechts.
- ◯ Zum Museum? Das ist einfach. Es ist gegenüber dem Postamt.

4 Wo wohnen die Familien? Lies und bemale die Häuser.

Familie Grün wohnt gegenüber der Schule.

Familie Blau wohnt nicht auf derselben Straßenseite wie Familie Grün.

Familie Blau wohnt auch nicht neben der Bushaltestelle.

Familie Braun wohnt gegenüber dem Postamt.

Familie Grau wohnt auf derselben Straßenseite wie Familie Braun.

Familie Rot wohnt gegenüber dem Haus von Familie Grau.

Wo wohnt Familie Rosa?

1 Ergänze den Text.

Gewittern · Horrorfilmen · den Spinnen · unter meinem Bett · Monstern · Außerirdischen

Ich habe keine Angst vor  ....

Ich habe keine ....  ....

Ich habe ....  ....

Ich habe ....  ....

Aber ich habe schreckliche Angst vor

....!

2 Schreib die Sätze.

mitzumachen. | fantastisch | bei einer | Es muss | Safari | sein,

....

vor | keine | hat | Detektiv Schlaumeier | den Juwelendieben. | Angst

....

den Atlantik | muss | Es | sein, | über | zu segeln. | langweilig

....

meinem Bett. | Ich | unter | manchmal | den Monstern | vor | habe | Angst

....

3 Schreib die richtigen Nummern.

- ◯ Reite aus.
- ◯ Halte dein Pferd an.
- ◯ Setz dich auf den Boden.
- ◯ Zieh deine Stiefel an und setz deinen Cowboyhut auf.
- ◯ Du bist müde.
- ◯ Autsch!
- ◯ Steig auf dein Pferd.
- ◯ Du hast dich auf einen Kaktus gesetzt.
- ◯ Steig ab.

4 Schreib die Nummern.

1. Soll ich Ihnen beim Kochen helfen?
2. Hinunter mit dir.
3. Na, mein Held?
4. Pah! Ich habe keine Angst vor Juwelendieben.
5. Oh!
6. Aua!
7. Jetzt werde ich langsam hungrig.
8. Schon gut, da hast du.
9. Ja, gerne.
10. Schaut, was ich kann.
11. Aber pass auf, sie sind sicher gefährlich.
12. Wie wär's mit Pfannkuchen?

10 Am Strand

1 Gestern war Elsa am Strand. Ordne Bilder und Sätze zu.

Sie hat ihre Flossen angezogen.
Sie hat ein Getränk gekauft.
Sie hat telefoniert.
Sie hat Muscheln gesammelt.
Sie ist mit einem Wassermoped gefahren.
Sie hat ihre Tauchermaske aufgesetzt.

2 Gestern am Strand. Schau das Bild an, lies die Sätze und kreuze an. Richtig oder falsch?

	R	F
1. Zwei Jungen haben Fußball gespielt.	☐	☐
2. Ein Mädchen hat geweint.	☐	☐
3. Zwei Mädchen haben gelesen.	☐	☐
4. Ein Junge und ein Mädchen haben Briefe geschrieben.	☐	☐
5. Zwei Mädchen haben telefoniert.	☐	☐
6. Drei Jungen haben Musik gehört.	☐	☐
7. Ein Mädchen hat ein Eis gegessen.	☐	☐
8. Ein Junge und ein Mädchen sind Fahrrad gefahren.	☐	☐

3 Schreib die Namen der Mädchen.

Anna, wie viele Comics hast du?	Ja, eine rosa Maus. ....
Barbara, wo sind meine roten Socken?	Sie sind weiß, braun und schwarz. ....
Sylvia, hast du einen Glücksbringer?	Es ist blau. ....
Maria, wie spät ist es?	Ungefähr 70. ....
Sandra, welche Farbe hat dein neues Fahrrad?	Such sie unter dem Bett. ....
Jasmin, wann hast du Geburtstag?	Es ist Viertel vor drei. ....
Alexandra, welche Farbe haben deine Kaninchen?	Zeichentrickfilme. ....
Daniela, wo ist mein Federmäppchen?	Im September. ....
Petra, was siehst du am liebsten im Fernsehen?	Es ist unter deinem Stuhl. ....

JA KLAR!

Das **Ja klar!** Übungsbuch bietet eine Menge lustiger Aufgaben und Spiele. Es ist als zusätzliches Übungsmaterial für den Unterricht oder für zu Hause gedacht.

ISBN 978-88-8148-998-5